LA VÉRITÉ

SUR L'OUENZA

PAR PIERRE LE VRAI

PRIX : 0 fr. 15 centimes

ALGER

IMP. G. BOUJAREL, 18, RUE ROVIGO

LA VÉRITÉ SUR L'OUENZA

PAR PIERRE *LE VRAI*

PRIX : 0 fr. 15 centimes

ALGER

IMP. G. BOUJAREL, 18, RUE ROVIGO

La Vérité sur l'Ouenza

Après les échecs retentissants que l'affaire de l'Ouenza a successivement subis à la Chambre, le Gouvernement a pris le parti de retirer le projet de loi. Cette affaire dans les conditions où elle est présentée est mauvaise pour l'Algérie ; de plus, sa présentation était inopportune. On ne conçoit pas, en effet, que la colonie soit engagée pour une période de soixante années, au moment où des propositions sont faites au Parlement pour remplacer la loi vieille de cent ans qui régit les mines, par une législation nouvelle adaptée aux idées, aux aspirations et aux besoins actuels.

Aucun Algérien ne saurait admettre qu'il soit question de retarder la mise en circulation des richesses naturelles que la montagne Algérienne renferme, pas plus que de priver le port de Bône des avantages que sa situation privilégiée lui confère ; mais il est nécessaire de modifier les conventions et d'adopter un mode d'exploitation et de transport qui sauvegarde les intérêts de l'Algérie volontairement sacrifiés à un groupe international de financiers.

Peu d'Algériens connaissent bien l'affaire de l'Ouenza ; les quelques documents épars, publiés par les auteurs des conventions, ont embrouillé la question à dessein pour égarer l'opinion. Il est donc utile de l'examiner avec impartialité et de la faire connaître.

I

Le Djebel Ouenza se trouve sur la frontière Algéro-Tunisienne, entre Souk Ahras et Tebessa, à cent et quelques kilomètres à vol d'oiseau, du port de Bône.

Cette montagne, d'une superficie de 6.600 hectares, est constituée par un immense bloc de minerai de fer, dont la profondeur n'a pas encore été suffisamment déterminée par des sondages, ce qui indique avec quelle insouciance des intérêts de la colonie l'affaire a été engagée. On évalue néanmoins le stock exploitable à 30 millions de tonnes environ. Quelques gîtes de cuivre et d'autres métaux sont disséminés çà et là.

La plus grande partie du minerai de fer peut être exploitée à ciel ouvert et forme, d'après la législation, une *minière* dont le produit appartient au propriétaire de la surface, en la circonstance l'Algérie, qui en dispose comme il l'entend et en encaisse le prix intégral. Les gisements de fer qui ne peuvent être extraits qu'en galerie et ceux des autres métaux constituent une *mine* appartenant à l'Etat et concessible par lui en vertu des dispositions du décret du 21 Avril 1810. Le propriétaire de la surface n'a plus droit qu'à une redevance de 10 centimes par hectare concédé et l'Etat perçoit un droit de 5 o/o, sur le revenu net de la mine.

Le minerai de l'Ouenza contient 53 o/o de fer et n'est pas phosphoreux. A raison de deux tonnes de minerai pour produire une tonne de fonte, la minière peut fournir 15 millions de tonnes de cette dernière, soit une quantité suffisante pour alimenter pendant trois mois la production mondiale de la fonte qui est annuellement de 60 millions de tonnes.

On sait qu'une proportion de 0,25 p. o/o de phosphore rend l'acier et le fer cassants à froid. La fonte extraite des minerais qui en contiennent doit, pour en être débarrassée, subir une fusion avec de la chaux à 1800 ou 2000 degrés, pendant laquelle l'oxygène d'un violent courant d'air, traversant la masse, transforme le phosphore en acide phosphorique qui se combine avec la chaux et produit les scories de déphosphoration employées comme engrais en agriculture. Les fontes provenant des minerais non phosphoreux n'ont pas besoin de subir cette opération et sont immédiatement converties en acier par le procédé Bessemer. L'emploi du minerai sans phosphore est indispensable pour certaines fabrications spéciales qui exigent des minerais parfaitement purs et est nécessaire aux usines métallurgiques qui ne sont pas outillées pour déphosphorer la fonte.

Les minerais anglais, allemands et français sont phosphoreux ; ceux d'Espagne ne le sont pas ; parmi ceux de Suède, quelques uns ne contiennent pas de phosphore, mais la plupart en renferme. Les gisements d'Espagne sont à peu près épuisés ou actuellement inexploitables ; la Suède limite la quotité de l'exploitation pour la faire durer plus longtemps, d'où la nécessité pour la métallurgie de rechercher les minerais purs d'Algérie, ce qui l'a amenée à s'occuper de l'Ouenza.

Une mine de fer, cuivre et autres métaux connexes, fut concédée en 1896 à un ingénieur, puis vendue en 1901 à un industriel français qui la rétrocéda, deux ans après, à une société franco-hollandaise, le groupe Muller-Portalis.

La minière dont l'amodiation était demandée depuis janvier 1902 fut amodiée pour une durée de soixante ans par le gouvernement général de l'Algérie, en juillet 1905, à la société dite d'Etudes de l'Ouenza, groupe Schneider, consortium international formé de trois usines métallurgiques françaises : le Creusot, Chatillon-Commentry, et Marine Homécourt ; une belge : Cockerill ; trois anglaises : Consett Iron C⁰, Guest Keen et Cammel Laird ; trois allemandes : Krupp, Thyssen et Gelsenkirchener Bergwerks Gesellschaft. La maison Krupp s'est, dit-on, retirée depuis. Ce consortium refusant d'utiliser la ligne Bône-Guelma, exigea, comme condition absolue de la conclusion de l'affaire, la concession d'une ligne spéciale de 193 kilomètres de longueur, reliant l'Ouenza à Bône et lui appartenant, sous le prétexte d'avoir la maîtrise absolue de ses transports. Des emplacements lui étaient en même temps concédés dans le port de Bône pour la gare de son chemin de fer, la manipulation et l'embarquement des minerais.

Les concessionnaires de la mine protestèrent et portèrent le différent devant le Conseil d'Etat et les tribunaux. Après plusieurs années de contestations, une entente intervint entre les deux sociétés *sous une pression officieuse*, paraît-il, du Conseil d'Etat. Un décret du 10 avril 1908 approuva alors la convention passée par le Gouvernement de l'Algérie avec le groupe Schneider pour l'amodiation à bail du Djebel-Ouenza, mais en disposant que l'approbation ne produirait son effet qu'après la déclaration d'utilité publique et le vote par les Chambres de la concession de la voie ferrée.

Un premier projet de loi fut déposé en 1905 sur le bureau de la Chambre des Députés, qui le retourna au Gouvernement pour attendre la solution du litige entre les parties. Un second projet fut remis à la Chambre le 1er juin 1908 ; après un ajournement voté le 29 juin suivant par 448 voix contre 120, la discussion qui devait avoir lieu en décembre fut remise et revint, au sujet de la fixation de l'ordre du jour, à la séance du vendredi 14 janvier dernier. Malgré l'insistance du Gouvernement et du Gouverneur Général pour obtenir qu'elle fut fixée au mercredi suivant, la Chambre décida, par 372 voix contre 205, qu'elle n'aurait pas lieu à la date demandée et la renvoya après le vote de la loi de l'impôt sur le revenu.

Bien qu'on ait objecté que ce vote ne portait que sur une question d'ordre du jour et ne préjugeait pas le fond, il n'en a pas moins soulevé de vives polémiques. Les députés opposants pris vivement à parti ont été l'objet des accusations les moins justifiées et des plus odieuses insinuations ; la question de la déviation du minerai sur Bizerte, sous prétexte de défense nationale, est intervenue, en sorte que le Gouvernement voyant, au commencement de mars, qu'il courait au devant d'un échec certain, a retiré le projet, se réservant de le représenter après modifications.

Le motif invoqué pour justifier la déviation des transports sur Bizerte est la nécessité d'obtenir dans ce port un approvisionnement de charbon suffisant pour satisfaire en cas de guerre aux besoins de la flotte. La question de défense nationale ainsi mise en avant a conduit le Gouvernement à décider que tous les minerais du Bou Khadra, minière algérienne voisine de l'Ouenza, iraient à Bizerte par la ligne tunisienne de Nabeur à Bizerte et que ceux de l'Ouenza iraient partie à Bizerte, partie à Bône au moyen d'un embranchement partant de Nabeur, traversant la Médjerda en aval de Ghardimaou et rejoignant, par le col de Sraïa, la vallée du Bou Namoussa qu'il suivrait jusqu'à la plaine de Bône.

Les compagnies intéressées ont adhéré à cette combinaison pourvu que les frais de transport sur Bizerte ne soient pas plus élevés que sur Bône.

L'enquête imposée par la loi pour la modification du traité est terminée ; elle a nettement conclu au rejet de la déviation sur Bizerte et au transport direct des minerais à Bône. Les conseils généraux de Constantine et d'Alger ont émis des vœux analogues et demandé le maintien des conventions. Celui d'Oran, tout en réservant cette dernière question sur laquelle il n'a pas été consulté, a conclu dans le même sens au point de vue des transports.

II

Les conditions d'amodiation de la minière et de la concession du chemin de fer au consortium Schneider sont énumérées dans l'exposé des motifs du projet de loi et dans le rapport de M. Périer, député de Saône-et-Loire.

Aux termes du décret du 10 avril 1908, la société d'études de l'Ouenza est tenue de se substituer, dans le délai de six mois après approbation définitive des conventions, une société anonyme que le consortium dédouble en deux : une pour l'exploitation de la minière dont le capital est de 5 millions et une autre pour l'exploitation du chemin de fer dont le capital actions a été fixé à 14 millions.

Le consortium s'est en même temps entendu avec le groupe Muller-Portalis, concessionnaire de la mine, pour réunir les deux entreprises. « *Les minerais de fer extraits annuellement seront considérés comme provenant des minières à concurrence des neuf dixièmes et de la mine pour le dernier dixième.* » Tous ces minerais, quelle que soit leur origine, doivent être payés à l'État aux prix fixés pour ceux de la minière.

La société d'exploitation doit payer à l'Algérie une redevance de 75 centimes par tonne de minerai de fer expédiée de la propriété domaniale jusqu'à concurrence de 600.000 tonnes par an, de 50 centimes pour les 400.000 tonnes suivantes et de 40 centimes par tonne pour le surplus. Jusqu'au 1ᵉʳ janvier de la deuxième année qui suivra celle où le chemin de fer aura été ouvert à l'exploitation, la redevance correspondra aux quantités de minerai réellement expédiées. A partir de cette date, la redevance devra atteindre au minimum 150.000 francs pour la première année, 300.000 francs pour la seconde, 450.000 francs pour la troisième année et 650.000 francs pour chacune des autres années qui suivront.

Toutefois, lorsque la société exploitante aura payé à la Colonie un total de redevance s'élevant à 15 millions de francs, le minimum obligatoire d'extraction sera réduit à 150.000 tonnes et, par conséquent, la redevance minima réduite à 112.500 francs.

La compagnie amodiataire a donc intérêt à augmenter ses exploitations annuelles et à épuiser la mine au plus tôt ; aussi se dispose-t-elle à exploiter par an 1.500.000 tonnes et plus s'il est possible. Cette disposition qui fait croître les bénéfices avec l'extraction et sacrifier l'avenir au présent ne se justifie pas. C'est le contraire de ce que font les Suédois qui limitent, pour les faire durer plus longtemps, entre 3 et 4 millions et demi de tonnes, l'exploitation de leurs gîtes considérables de Kirunavara et de Gellivara en Laponie, et établissent des primes qui augmentent avec les quantités extraites.

Afin de se garantir de toutes variations de prix et de s'assurer le minerai indispensable, chacune des usines associées, en prend chaque année au consortium 120.000 tonnes.

La compagnie amodiataire de la minière doit fournir le matériel de transport, assurer son entretien, charger et décharger les wagons à ses frais. La société concessionnaire du chemin de fer n'aura donc qu'à les remorquer sur un parcours de 193 kilomètres ; le coût de ce transport est fixé au prix forfaitaire de 6 francs la tonne entre l'Ouenza et Bône.

La concession du chemin de fer est faite sans subvention, ni garantie d'intérêt ; la voie *construite en vue d'un usage industriel* et susceptible d'assurer le transport annuel de 1.500.000 tonnes de minerai, soit plus de 4.000 tonnes par jour, traversant une région dont le relief est particulièrement accidenté, aura un mètre de largeur. Les rails sont prévus en acier du poids de 30 kilogrammes le mètre courant. Les rampes dans le sens Ouenza-Bône que parcourent les trains chargés ne doivent pas être supérieures à dix millimètres par mètre. Les terrains seront achetés pour deux voies, mais les terrassements et travaux d'art ne seront exécutés que pour une seule à l'exception des gares d'évitement. Six mois après l'ouverture de la ligne au transport des minerais, un train quotidien dans chaque sens sera effectué au transport des voyageurs et des marchandises. Le chemin de fer reviendra à la colonie, ainsi que les hôpitaux et écoles construits par la société amodiataire, à l'expiration du délai /de soixante ans pour lequel l'amodiation est consentie ; toutefois, l'Algérie se réserve la faculté de *le racheter au bout de trente ans*, mais en s'engageant à transporter le minerai restant aux tarifs en vigueur au moment du rachat.

Les emplacements mis à la disposition de la Société à Bône forment deux catégories distinctes : une étendue de 6 hectares déjà gagnée sur la mer par des travaux de remblai et faisant partie du domaine maritime est concédée gratuitement à la Société du chemin de fer pour une durée égale à celle de la concession de la ligne. Elle pourra être augmentée jusqu'à concurrence de 4 hectares, moyennant le payement de 3 fr. par mètre carré, chiffre correspondant au prix de revient de l'établissement par la colonie des terre-pleins. Cette concession est destinée à l'établissement de la gare et de ses annexes. Une seconde catégorie de terrains concédés à la société d'exploitation de la minière moyennant une redevance de 1 fr. par an pendant les 60 ans que durera son bail, comprend les emplacements du quai, les places de dépôt des minerais et les voies d'accès ; les frais de construction des quais, des estacades et appontements destinés à leur chargement sont à la charge du concessionnaire ; ils pourront être rachetés, à dire d'experts, à la fin de la concession par la colonie qui se réserve aussi le droit d'en prescrire l'enlèvement. *D'un autre côté, l'Algérie s'engage à draguer l'embouchure de la Seybouse à une profondeur de 9 mètres et à fermer la passe actuelle.*

Telles sont dans leurs dispositions générales les conventions de l'affaire de l'Ouenza. Nous allons en examiner les conséquences sans parti pris, et rechercher leur répercussion sur les intérêts et la prospérité de l'Algérie.

III

Les quatre premières années du bail de soixante ans consenti à la société d'exploitation devant être employées à la construction du chemin de fer, l'extraction du minerai ne commencera que la cinquième. Les quatre années suivantes seront consacrées à la mise en train de l'exploitation, en sorte que l'extraction minima d'un million de tonnes avec redevance de 650.000 francs, soit 0 fr. 65 par tonne, stipulée par la convention, ne sera atteinte que la dixième année.

Les conditions prévues pour l'établissement du chemin de fer portant sa capacité de trafic à 1.500 000 tonnes, il est évident que la société qui n'est pas liée par la clause d'un maximum d'exploitation, a intérêt à extraire annuellement toute la quantité de minerai qui peut être transportée sur la ligne, d'autant mieux que, plus elle exporte, plus la redevance à l'unité diminue. C'est ainsi qu'une extraction de 1 million de tonnes porterait la redevance à 65 centimes, une de 1.500 000 à 57 centimes, de 2 millions à 52 centimes. L'Algérie percevra donc d'autant moins par unité que l'exploitation sera plus intensive, et la minière sera épuisée plus tôt.

Il est facile de déterminer les résultats financiers d'une extraction annuelle de 1.500 000 tonnes, soit un peu plus de 4.000 tonnes par jour, après les dix années nécessaires à la mise en train. En calculant suivant la progression indiquée au rapport Périer, la quantité de minerai enlevée serait pendant la période préparatoire de 10 ans de 2.500 000 tonnes environ, pour lesquelles la redevance payée à la colonie à raison de 75 centimes et de 50 centimes la tonne atteindrait . . . . 1.800 000 fr.

L'extraction de 1.500 000 tonnes commençant la 11me année. le stock de minerai *indiqué aux documents officiels* sera épuisé au bout de 18 ans, c'est à dire la 28me année du bail ; la redevance annuelle sera pedant cette période de :

600 000 tonnes à 0, 75 . . . 450 000 fr.
400 000 » » 0, 50 . . . 200 000 »
500 000 » » 0, 40 . . . 200 000 »

Total 1500 000   850 000 fr.

et l'ensemble des redevances pour les 18 années de . . . . 15.300 000 fr.

Soit au total . . . . 17.100 000 fr.

ce qui donne une moyenne de redevance annuelle de 607.500 francs pour les 28 ans d'exploitation, et un maximum de 850.000 francs pour les années d'extraction intensive. Le million annoncé à la colonie ne sera, par conséquent, jamais atteint.

L'Algérie aliène donc ses 30 millions de tonnes pour la somme totale de 17 millions de francs en chiffres ronds, soit 57 centimes la tonne, chiffre sensiblement inférieur au prix de 65 centimes indiqué par l'auteur de l'article de la *Revue politique et parlementaire* du 10 janvier dernier et bien rapproché des 50 centimes que paie la Société du Zaccar dont l'exploitation est autrement difficile et plus onéreuse que celle de l'Ouenza.

La minière sera épuisée à l'expiration de la première moitié du bail et l'exploitation cessera à moins que la société ne trouve une quantité de minerai supérieure à l'évaluation, mais je n'ai pas à préjuger ce que les documents officiels n'indiquent pas.

Le bénéfice que la société amodiataire retirera de son entreprise est évalué par la même *Revue*, mais sans grande conviction, à moins de 50 centimes par tonne ; on lit dans son article très documenté que la société pourrait bien même être en perte. C'est assurément la première fois que des financiers entreprendraient une affaire avec un semblable résultat escompté d'avance et l'auteur de l'article voudra bien me permettre de ne pas faire état d'un chiffre qu'il paraît avoir volontairement réduit.

L'exposé arrêté par les Délégations financières dans leur réunion du 1er février 1909 donne un aperçu déjà plus exact. « Les usines métallurgiques qui se sont engagées pour une longue durée à acheter annuellement à l'entreprise de l'Ouenza 120.000 tonnes de minerai de fer, *au prix de revient majoré d'un bénéfice de 1 franc*, sont au nombre de neuf etc..... » Le bénéfice total réalisé par la société serait alors de 30 millions pour un produit qu'elle achèterait 17 , soit de 176 p. o/o supérieur au prix d'achat.

Dans une remarquable étude publiée par la *Revue de Paris* du 15 février dernier, M. Labordère, partant du prix de 21 fr. 20 la tonne de minerai à Cardiff, moyenne des dix dernières années, et le diminuant d'un fret de 8 fr. 50, évaluait le prix de la tonne embarquée à Bône à 12 fr. 70. Il estimait à 3 francs les frais d'extraction et de chargement qui sont de 1 fr. 80 à Kirunavara et de 2 fr. 77 à Gellivara. En ajoutant 0 fr. 50 poer entretien du matériel de transport fourni par la compagnie d'exploitation, 6 francs prix forfaitaire de transport de l'Ouenza à Bône, et 0 fr, 75 moyenne des frais d'embarquement, le coût total de la tonne sous palan revient à 10 fr. 25, soit un bénéfice par tonne de 2 fr. 45 qui, diminué de 0 fr. 57 de redevance se réduit à 1 fr. 88, et pour les 30 millions de tonnes 56.400.000 francs.

En déduisant pour le capital initial de 5 millions, les intérêts à 6 p. o/o et l'amortissement pendant les trente ans que l'exploitation durera, le bénéfice net est de *46 millions* de francs en chiffres ronds.

IV

La voie doit être construite pour *l'usage industriel,*
le rapport Périer l'indique, c'est-à-dire pour des trains
circulant à petite vitesse et pour une exploitation économique mais suffisamment organisée afin d'assurer le
trafic journalier de 4.000 tonnes.

Les wagons étant fournis par la compagnie amodiataire de la minière qui en assure l'entretien,
le chargement et le déchargement, l'exploitation
de la compagnie concessionnaire du chemin de
fer se bornera à remorquer de l'Ouenza à Bône,
les wagons pleins, et à remonter de Bône à l'Ouenza
les wagons vides.

La clause obligeant la société du chemin de fer
à mettre à la disposition des voyageurs et des marchandises un train par jour ne modifiera pas les conditions de l'exploitation, Ces trains passant dans une
région à peu près inhabitée et inhabitable, ne trans-
porteront que de très rares voyageurs et marchandises
en dehors du personnel, des ouvriers et des approvisionnements des deux compagnies.

L'exposé des motifs du projet de loi exagère sin-
gulièrement les services que l'ouverture de la ligne
rendra à la colonisation. La vallée de l'Oued Mellègue
dans sa partie traversée par le chemin de fer est une
région de forêts de pins et de pâturages de moutons ;
celle de la Medjerda, avec ses versants escarpés, est
impropre à toute culture européenne ; les bassins de
l'Oued el Kebir et du Bou Namoussa forment une con-
trée forestière et accidentée où l'agriculture n'est pas
possible. Quelques terrains de colonisation pourront
peut-être se rencontrer, et pas sans difficultés, entre
Aïn Guettar et Sidi Youssef ; mais, de là jusqu'au point
où le Bou Namoussa débouche dans la plaine de Bône,

on ne rencontre, sur un parcours de 120 kilomètres, de terres propres à la colonisation que sur le lambeau alluvionnaire de Lamy-Bouhadjar et la boutonnière de Combes, déjà colonisés. La majeure partie des forêts que la voie ferrée traversera ont été incendiées il y a peu de temps et ne produiront pas avant de longues années.

L'exposé des motifs émet donc une affirmation inexacte lorsqu'il mentionne que plusieurs milliers d'hectares de terres de culture et de forêts seront ouverts à l'exploitation et à la colonisation.

En réalité, le chemin de fer dont le consortium a exigé la concession n'aura d'utilité que pour le transport des minerais ; tout trafic cessera lorsque la mine sera épuisée. Quand il reviendra à la colonie, dans soixante ans au moment où le bail aura pris fin, il sera inutile, ne couvrira pas ses frais d'entretien et devra très probablement être abandonné.

Il n'est donc guère possible d'expliquer la clause de faculté de rachat au bout de trente ans réservée par la convention à la colonie, que par le désir de favoriser, d'une façon toute particulière, les actionnaires de la société concessionnaire.

Le coût de premier établissement de la ligne a été estimé à 40 millions, soit 207.000 francs par kilomètres, Ce prix, hors de toute proportion avec le coût ordinaire des lignes économiques et surtout industrielles, n'est qu'une évaluation ; aucun devis complet n'a été établi et aucune étude n'a été faite pour le contrôler.

Cette dépense doit être couverte par le capital actions de 14 millions auquel la société concessionnaire se constitue et par les obligations qui seront émises.

L'exploitation prévue de 1.500.000 tonnes par an, devant épuiser la minière au bout de 28 ans, soit 30 pour avoir un chiffre rond, il n'est pas probable que l'Algérie use à ce moment de la faculté de rachat et la compagnie devant se trouver en possession d'un chemin de fer qui ne lui rapportera plus rien, il sera prudent d'amortir la dépense de construction pendant les trente années d'exploitation. Le service des intérêts à 6 p. 0/0 et l'amortissement, exigera 86 millions.

Les frais d'exploitation ne s'appliquant guère qu'au trafic minier seront réduits au minimum, la société n'ayant à fournir que la traction et le personnel de sécurité. Le poids des rails, fixé à 30 kilogrammes le mètre courant permet l'emploi de machines aussi puissantes que la voie étroite le comporte. Ces machines pourront remorquer, sur des rampes maxima de 10 millimètres, une charge brute de 300 tonnes, dont 200 tonnes utiles. Vingt trains par jour dans chaque sens assureront, par conséquent, au moment de la période intensive, le trafic des 4.000 tonnes de minerai et deux suffiront au transport des voyageurs et des marchandises. Au total, 42 trains dans la journée qui circuleront facilement avec un nombre suffisant de gares d'évitement pour les croisements.

Le transport des 30 millions de tonnes de minerai exigera, dans ces conditions, pendant toute la période des travaux, soit 26 ans, 300.000 trains montant et descendant, et celui des voyageurs et marchandises 19.000 trains environ. Les frais d'exploitation des lignes de France, analogues à celle de l'Ouenza, mais affectées au service du public, c'est-à-dire avec des sujétions plus onéreuses, et ayant trois trains par jour dans chaque sens, varient de 1.500 à 2.000 francs par kilomètre et par an, soit une dépense de 70 à 90 centimes par train kilométrique. L'adoption du chiffre maximum de 90 centimes pour l'Ouenza qui n'aura les mêmes sujétions que pour deux trains sur quarante, majore encore les frais réels qui incombent

à la compagnie. Calculée d'après ces données, la dépense totale d'exploitation se montera à 56 millions,
et le coût de la tonne kilométrique de minerai reviendra à un peu moins d'un centime.

Le prix du même transport des phosphates sur la
ligne de Metlaoui à Sfax, où la compagnie a le matériel
à fournir, est d'un centime ; la compagnie P. L. M.
demande un centime et demi pour les minerais de
Rouina. A Gellivara, distant du port de Luléa sur la
Baltique de 210 kilomètres, le taux kilométrique est
d'un centime huit dixième y compris la fourniture de
tout le matériel, les frais provenant de l'utilisation des
installations établies dans le port pour un arrimage
rapide et économique et la majoration de dépense
occasionnée par la neige qui arrête souvent la circulation des trains.

Ces frais d'exploitation auxquels il faut ajouter la
somme de 86 millions pour le service des intérêts et
de l'amortissement élèveront la dépense totale du
chemin de fer à 142 millions pendant la durée entière
de l'exploitation.

Les recettes, à raison de 6 francs par tonne, prix
forfaitaire stipulé dans les conventions, seront de
180 millions de francs pour les 30 millions de tonnes
exploitées. Celles des trains montant et descendant des
voyageurs-marchandises, ne peuvent être évaluées
qu'approximativement. En estimant, vu le nombre
considérable des personnes employées à la mine, les
recettes journalières au double des frais des deux
trains, on arrive à une somme de 6 millions environ
pendant 26 années d'exploitation.

Au total, 186 millions de recettes dont il faut
déduire 142 millions de dépenses de toute nature, ce
qui représente un bénéfice de **44 millions** de francs.

V

C'est bien entendu : l'Algérie vend ses minerais pour *dix-sept millions* et le consortium financier qui les achète réalisera *quatre-vingt-dix millions* de bénéfice.

Malgré les dithyrambiques éloges de la *Revue politique et parlementaire* sur le désintéressement des concessionnaires qui trouve dans l'exploitation « *les satisfactions qu'apporte la gestion d'une entreprise honorable et de larges moyens* », on ne peut s'empêcher de remarquer que tout s'est passé d'une façon étrange dans l'élaboration de l'affaire de l'Ouenza et que la Colonie est engagée sans réciprocité de la part des concessionnaires.

Elle amodie pour soixante ans lorsqu'il est avéré, d'après les documents officiels sur le tonnage de la minière et les réserves stipulées en faveur de la Société que l'exploitation n'en peut pas durer plus de trente. Ces documents ne présentent même pas un degré suffisant d'exactitude ; aucune étude approfondie n'a été faite pour les établir et on ne connaît pas la quantité de minerai que la concession renferme. D'après le rapport du député Devèze du 22 novembre 1907, c'est 25 à 30 millions de tonnes ; l'exposé des motifs du projet de loi en annonce 30 ; la *Revue politique et parlementaire* de 30 à 50 ; le *Mois colonial et maritime* d'Avril 1909 affirme l'exactitude de ce dernier chiffre. Où est la vérité ? Cette variation du simple au double excède les écarts normaux d'une estimation effectuée avec soin.

En prenant à sa charge les travaux de port de Bône moyennant une redevance forfaitaire de 35 centimes la tonne, la colonie s'engage, sans études et sans devis préalables, dans une affaire qui peut être l'objet d'interminables réclamations en dommages-intérêts. Aucune explication n'est donnée, la question est intentionnellement négligée et l'Algérie ignore la portée de cet engagement ainsi que les dépenses considérables qui peuvent en résulter par suite de l'aléa des travaux à la mer.

Le chemin de fer n'a pas été mieux étudié. Les uns en évaluent le coût à 20 millions, soit 100.000 francs le kilomètre, (les lignes à construire au moyen de l'emprunt autorisé par la loi du 20 mars 1908 sont évaluées à 80.000); les autres à 40 millions; *La Revue politique et parlementaire* à 45. Le *Mois colonial* surenchérit encore et estime la voie ferrée et les travaux du port de Bône à 65 millions. A quel chiffre doit-on s'arrêter ?

La construction de cette ligne est inutile ; elle ne servira plus, je le répète, lorsque la minière sera épuisée. Elle va être établie au détriment de la colonie par un prélèvement sur les produits de la mine. Le consortium l'a exigée ; il entend, dit-il, posséder une voie ferrée sur laquelle il conservera la maîtrise absolue deses transports et déclare de retirer plutôt que d'employer la ligne Tebessa à Bône. C'est un raisonnement habilement exposé, mais le véritable motif est qu'il en retirera un bénéfice de *44 millions* et que sa situation financière sera consolidée par le double bénéfice du chemin de fer et de l'exploitation minière.

La convention autorise en outre la création de parts bénéficiaires en faveur des actionnaires, contrairement aux dispositions d'une loi d'ordre public, mais elle oublie de réserver à l'Algérie une part des bénéfices, condition toujours imposée dans les concessions de chemins de fer d'intérêt général et qui existe pour le Bône Guelma.

Ces considérations expliquent le refus qu'aucune raison sérieuse n'est venue justifier d'employer la ligne Tebessa Souk Ahras. Cette ligne doit être améliorée au moyen d'un crédit de 7 millions inscrit à l'emprunt de 1908 et l'Ouenza peut lui être relié par une voie d'une trentaine de kilomètres. *L'adoption de cette combinaison dès l'origine eût écarté l'intervention de la Tunisie et la déviation de Bizerte.*

On ne peut pas admettre l'impossibilité de faire circuler sur la ligne améliorée, jusqu'à Bône au moyen d'une dépense bien inférieure à 40 millions, les quarante trains journaliers nécessités par l'exploitation annuelle de 1.500,000 tonnes. D'ailleurs, la situation financière de l'Algérie que le Gouvernement déclare excellente n'exige pas une extraction aussi intensive que celle qui est projetée par le consortium. Rien n'empêche de la restreindre à la capacité de trafic de la voie remise en état et de se contenter de redevances annuelles plus faibles, il est vrai, mais de plus longue durée.

La colonie y trouverait son compte, car le transport des minerais transformerait l'exploitation déficitaire du Bône Guelma en exploitation productive. Au lieu de verser annuellement à cette compagnie des annuités à titre de garanties d'intérêts, l'Algérie encaisserait une part des bénéfices réalisés et jugerait peut être avantageux de racheter la ligne.

Les intérêts de la colonie sont donc manifestement sacrifiés à ceux des exploitants de la minière et de la Société concessionnaire du chemin de fer. Les dessous de l'affaire sont connus aujourd'hui, et je ne pense pas soulever de scandale en effleurant le souvenir des condescendances amicales, des liens de parenté et d'intérêts, des appétits satisfaits ou à satisfaire, des faiblesses et des complicités silencieuses qui trouble encore l'opinion. La Chambre ne pouvait sanctionner des conventions aussi désavantageuses et aussi inquiétantes ; de là les ajournements successifs qui ont abouti au coup de théâtre de Bizerte [1].

Le projet de déviation sur le grand port militaire de la Tunisie des produits de l'Ouenza et du Bou Khadra avait déjà été soulevé en 1902, puis repris à l'époque du ministère Thomson, qui l'avait provisoirement écarté. L'Algérie en ignorait l'existence. La *Revue Politique et Parlementaire* le signala en Janvier dernier et rappela les risques « classiques depuis Santiago » de l'adjonction d'un port de commerce à un port de guerre dont l'entrée est commandée par un chenal étroit.

---

[1] L'exposé qui suit du bilan approximatif de l'exploitation suffit pour démontrer où vont les bénéfices et si les redevances minières, les droits de port et la chimère des impôts dans une région qui ne produira rien feront face au payement des annuités de l'emprunt de 175 millions ;

Prix de vente de 30 millions de tonnes de minerai sous palan à Bône, à 12 fr. 70 l'une..........	381 millions
Recettes des voyageurs-marchandises du chemin de fer............................	6 —
TOTAL........	387 millions

Total des redevances payées à la Colonie........	17 millions

Intérêts et amortissement du capital d'exploitation de la minière....... 10 millions
   — du capital de construction du chemin de fer.................. 86 —
Bénéfices de l'exploitation du minerai 46 —
   — du chemin de fer......... 44 —   } 186 millions

Dépenses d'exploitation .... 90 millions
   — d'amortissement et d'entretien du matériel .... 15 —
Dépenses à Bône { Droits de port 10.500.000 / Autres frais 12.500.000 } 23 —
   — du chemin de fer........ 56 —   } 184 millions

TOTAL........	387 millions

Les motifs invoqués par les Tunisiens pour sa justification sont la facilité plus grande des transports dans un pays moins accidenté, le rattachement des voies Algériennes et Tunisiennes, puis l'obligation d'avoir à Bizerte un approvisionnement de charbon pour la flotte. Cette considération n'avait pas été envisagée par le Gouvernement de la République, lorsqu'il y a une dizaine d'années, la Tunisie construisant ses chemins de fer miniers les avait dirigés sur le port de Tunis. Elle a cependant dû faire quelque chemin depuis cette époque, car les produits des mines des Nefza et de Nabeur (500.000 tonnes) ont été réservés au port de Bizerte dont l'apport des minières Algériennes devait encore augmenter l'importance.

Au fond, c'est la lutte dirigée contre Bône par la Société du port de Bizerte que l'établissement du port de commerce rendra propriétaire des terrains conquis sur la mer et qui bénéficiera de sommes plus élevées pour droits d'embarquement, puis l'intérêt financier de la Tunisie et du Bône-Guelma qui augmenteront leurs transports.

Une campagne de presse fut organisée après l'ajournement du 14 janvier; des hommes politiques, des amiraux, donnèrent leur adhésion à la déviation sur Bizerte et le Ministre de la Marine la réclama pour cause de défense nationale dans le but de créer un dépôt, suffisant pour approvisionner nos escadres en temps de paix et en temps de guerre, de charbon que les navires, trouvant un fret de minerais pour le retour, apporteraient à prix réduit.

Une conférence eut lieu à ce sujet le 6 mars dans le cabinet de M. Clémenceau et le projet de déviation sur Bizerte fut adopté. Le bruit d'une convention à ce sujet entre le Gouverneur de l'Algérie et le Résident de Tunis est une absurdité; mais il est acquis que le Gouverneur Général a donné son adhésion à cette combinaison qui favorise Bizerte au détriment de Bône et même d'Alger [1].

On conçoit donc l'émotion des Bônois ainsi dépouillés d'un bénéfice qui leur appartient légitimement et les manifestations qui la suivirent.

Les Algériens sont patriotes; tous sont prêts aux derniers sacrifices pour la défense de la Patrie; ils l'ont montré en maintes circonstances, mais ils ne croient pas que l'apport à Bizerte des minerais de l'Ouenza et du Bou-Khadra représente une question de défense nationale.

Pour constituer à Bizerte des approvisionnements considérables de charbon, il faut que les navires qui traversent la Méditerranée viennent y renouveler leur provision de charbon comme il le font aujourd'hui à Alger qui, par sa situation à mi-distance entre l'Angleterre et Port-Saïd permettant aux vapeurs de ne faire qu'une seule relâche, a remplacé les deux escales de Gibraltar et de Malte. La position de Bizerte trop rapprochée de Malte n'est pas favorable et les relâcheurs ne s'y arrêteront pas.

---

(1) Le *Mois colonial et maritime* a constaté que le Gouverneur Général ne résista qu'à moitié à la déviation sur Bizerte. La lettre du 6 avril dernier du Ministre des Travaux publics qui exige la confirmation par la Compagnie du Mokta el Hadid, amodiataire de la minière du Bou Khadra, de l'engagement déjà contenu en principe dans *sa lettre du 6 Mars 1909* d'expédier sur Bizerte la totalité de la production de la dite minière, indique clairement que le Gouverneur a donné son adhésion de propos délibéré, abandonnant ainsi les intérêts qu'il avait mission de défendre. L'interview de M. Alapetite au *Siècle (Dépêche Algérienne* du 11 Mars 1909) en est une démonstration péremptoire.

S'il fit des observations, ce fut après l'explosion de Bône ; en tous cas, la solution du projet de modification du tracé du chemin de fer ne pouvait être précipitée, puisqu'elle est subordonnée à une enquête préalable prescrite par la loi et que l'avis des Assemblées Algériennes est indispensable.

Le port tunisien n'étant donc pas susceptible d'écouler assez rapidement un stock considérable de charbon qui se détériorerait, n'en pourra recevoir qu'un approvisionnement restreint que la marine de guerre sera seule à consommer. L'expédition des 500.000 tonnes des minerais de Tunisie suffira pour en assurer le renouvellement à prix réduit et, s'ils font défaut, rien n'empêchera les navires, après avoir déposé leur charbon à Bizerte, d'aller charger à Bône ou à Tunis.

La brûlante question de Bizerte, a momentanément relégué au second plan celle des conventions qui est plus désavantageuse encore pour l'Algérie. Elles ne deviendront heureusement définitives que le jour où la loi portant approbation de la concession du chemin de fer sera votée La colonie abusée et dépouillée au profit des financiers a le temps de se ressaisir et de choisir une combinaison plus conforme à ses intérêts. Les 90 millions qui lui sont arrachés, sans compter les annuités du Bône-Guelma, valent bien la peine qu'elle réfléchisse.

L'Algérie toute entière refuse d'accepter le transport de ses minerais sur Bizerte contraire à ses intérêts, même avec l'embranchement à voie large de Nabeur à Bône. Il faut donc en revenir au tracé direct prévu par les conventions et dont la concession au consortium est désastreuse, je l'ai déjà démontré, ou relier l'Ouenza et le Bou-Khadra aux lignes déjà existantes.

Si les 7 millions affectés à l'amélioration de la ligne Tebessa Souk-Ahras sont insuffisants, qui empêche la colonie de consentir un sacrifice pour la mettre en état de satisfaire au trafic minier qu'il n'est pas nécessaire de conserver à 1.500.000 tonnes et qu'elle peut réduire à sa volonté.

Dût-on la refaire complètement, on ne fera jamais croire à personne que la transformation de la voie étroite en voie large sur 80 kilomètres environ, de Souk-Ahras à l'Ouenza, coûte aussi cher que les 193 kilomètres, évalués à 207 000 francs l'un, de la voie directe sur Bône, avec son viaduc (¹) dont je doute fort qu'on trouve au milieu des marnes glissantes une assise assez solide pour établir les culées. Rien n'empêche aussi de diminuer la rampe de 24 à 25 millimètres en amont de Souk-Ahras par la construction d'un tunnel au-dessous de Fedj Macta. Ce col est le point culminant de la ligne de Tunis à Bône qui profiterait toute entière de cette amélioration.

La situation actuelle du Bône-Guelma rend le rachat inévitable dans un avenir plus ou moins prochain. Et c'est le moment que l'Algérie choisirait pour concéder une ligne parallèle, à faible distance, qui, je le répète, traversant une région absolument déshéritée, quoiqu'on affirme le contraire, n'aura d'utilité que pour le transport des minerais et ne sera plus employée après leur épuisement.

En supposant même, ce que je me refuse à admettre, que l'établissement de cette ligne dont la proximité de la frontière a soulevé les appétits tunisiens, soit absolument imposée, la colonie ne peut-elle pas comme elle le fait déjà avec des résultats satisfaisants, la construire elle-même, l'exploiter, l'amortir en trente ans et bénéficier des 44 millions que les conventions actuelles abandonnent au syndicat des financiers.

Les chemins de fer réparés ou construits, l'Algérie devient maîtresse de sa minière. Elle peut l'exploiter en régie, suivant l'avis d'hommes compé-

---

(¹) Le viaduc de Sidi-Bader pour la traversée de la Medjerda doit avoir 547 mètres de long et 127 de hauteur.

tents, ou l'amodier dans les conditions qu'il lui plaira de déterminer et à des prix plus avantageux que ceux des marchés actuels ; les acheteurs ne manqueront pas, les documents donnés par le gouvernement en font foi.

Les conventions pour l'amodiation de la minière votées par surprise, approuvées par les services sur des renseignements inexacts et incomplets, ne sont pas définitives. La parole de l'Algérie n'est pas engagée vis-à-vis des traitants qui, ne bénéficiant de l'amodiation qu'après avoir signé l'engagement de transporter leurs minerais à Bône, ont pris celui de les porter à Bizerte. Elle n'a aucun ménagement à garder vis-à-vis d'eux ; mieux informée aujourd'hui sur la portée des conventions qui sacrifient ses intérêts, elle doit les rejeter, aménager sa minière pour savoir ce qu'elle possède, organiser ses moyens de transport, et l'amodiation se fera dans des conditions bien autrement avantageuses qu'avec le projet actuel.

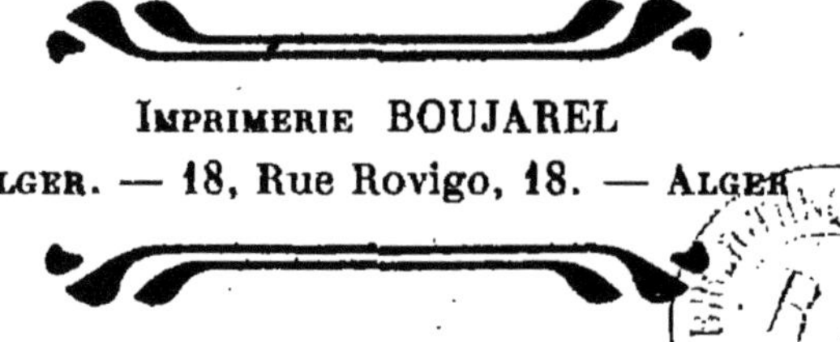

Imprimerie BOUJAREL
Alger. — 18, Rue Rovigo, 18. — Alger

9 782019 939069